कविता और शायरी VOL - 4

श्रीराज मेनन

क्रम-सूची

क्रम-सूची

क्रम-सूची

क्रम-सूची

क्रम-सूची

भूमिका

पुस्तक में लेखक द्वारा लिखित हिंदी कविताएँ और शायरी शामिल हैं। इसमें कविताएं, शायरी और प्रेरणादायक उद्धरण शामिल हैं।

इस पुस्तक में लेखक द्वारा लिखी गई कुछ कविताएँ और शायरियाँ हैं जो प्रेम, प्रकृति और जीवन के सामान्य दैनिक पहलुओं पर आधारित हैं। कुछ प्रेरक प्रसंग भी हैं। प्यार में पाया गया प्यार, खोया हुआ प्यार और फिर से जगा हुआ प्यार शामिल है। इसी तरह, प्रकृति में प्रकृति का महत्व है और लोग बिना किसी दुष्प्रभाव के प्रकृति का अपने फायदे के लिए दुरुपयोग करते हैं। सामान्य में जीवन के सामान्य पहलू होते हैं जो लोगों और परिवेश के साथ चलते हैं।

पावती (स्वीकृति)

मैं अपने उन दोस्तों को धन्यवाद देना चाहता हूं जिन्होंने मुझे कविताएं और शायरी लिखने के लिए प्रेरित किया, जिसे मैं कहता था और भूल जाता था। मैं Your Quote प्लेटफॉर्म और उसके सभी सदस्यों और समूहों को भी धन्यवाद देना चाहता हूं जिन्होंने मुझे अनुमति दी और मुझे इसके मंच पर अपनी सामग्री लिखने के लिए प्रेरित किया। मैं नोशन प्रेस और उसके सभी सदस्यों को भी धन्यवाद देना चाहता हूं जिन्होंने मुझे अपनी सामग्री को अपने मंच और समय-समय पर मार्गदर्शन के माध्यम से प्रकाशित करने की अनुमति दी, जो उन्होंने मुझे मेरी त्रुटियों को ठीक करने के लिए दिया।

1. तुम्हारी ज़िन्दगी में

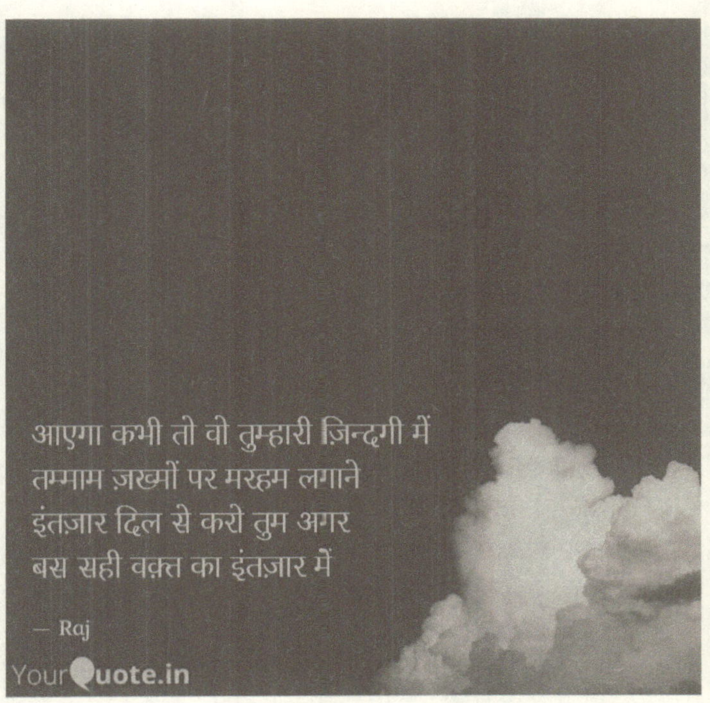

आएगा कभी तो वो तुम्हारी ज़िन्दगी में
तम्माम ज़ख्मों पर मरहम लगाने
इंतज़ार दिल से करो तुम अगर
बस सही वक़्त का इंतज़ार में

— Raj
YourQuote.in

2. अगर रुख जाते तुम

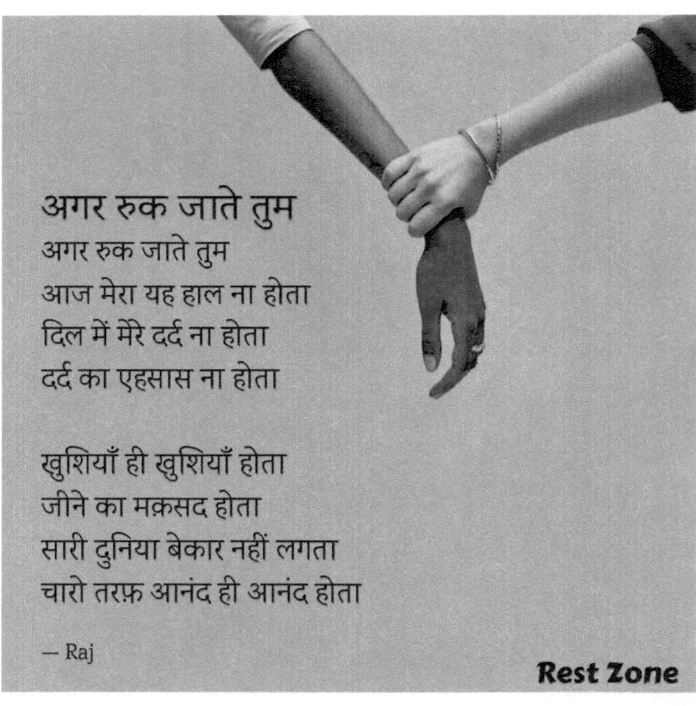

अगर रुक जाते तुम
अगर रुक जाते तुम
आज मेरा यह हाल ना होता
दिल में मेरे दर्द ना होता
दर्द का एहसास ना होता

खुशियाँ ही खुशियाँ होता
जीने का मक़सद होता
सारी दुनिया बेकार नहीं लगता
चारो तरफ़ आनंद ही आनंद होता

— Raj

Rest Zone

3. कहते तो सब हैं

कहते तो सब हैं
ऐसा होना चाहिए
वैसा होना चाहिए
पर वैसा होता नहीं

कहते तो सब है
आई लव यूँ
आई वांटेड यू
पर वैसा होता नहीं

— Raj

4. अकेले चलना

अकेले चलना

अकेला हूँ मैं और सारा इंसान
ज़िन्दगी के हर डगर घूमसान
घूमसान रास्ते पर अकेला चलना
जो सीख लिया दुनिया जीत लिया
इस डगर पर चलते चले जाओ
ना डरो ना थको बस चलते रहो
मंज़िल अभी दूर नहीं है
करना अब दुनिया मुठी में है
हौसला बुलंद रखना हैं
और बस चलते चले जाना हैं

– Raj

YourQuote.in

5. अधिकार मागने से पहले

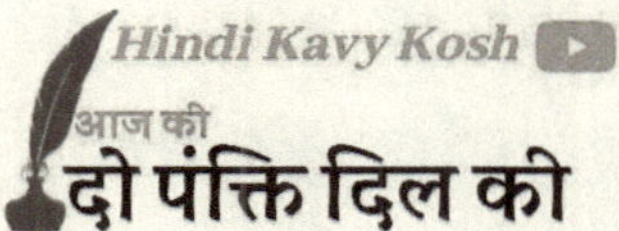

अधिकार माँगने से पहले

कर्तव्यों का निर्वहन करो

अपने माता पिता के प्रति जो कर्तव्य है
उस कर्तव्यों का पहले निर्वहन करो

– Raj

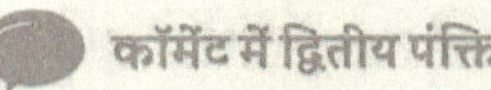

© आज की 'दो पंक्ति दिल की' कार्यक्रम के अंतर्गत हिन्दी काव्य कोश द्वारा दी गई एक पंक्ति पर उन रचनाकारों का अधिकार होगा जो इसकी दूसरी पंक्ति लिखते हैं। कोई भी रचनाकार इन पंक्तियों के प्रयोग कर अपनी रचना लिख सकता है अथवा अपनी रचना में सम्मलित कर सकता है।

6. उम्मीदों का कारवाँ

विशिष्ट प्रतियोगिता
" उम्मीदों का कारवाँ "

अपने स्वपनों की चाहत को पाना था
उम्मीदों का कारवाँ लिए निकल पड़ा
यह ख़्वाब तो हमारा अधूरी रह गया
क्योंकि मंज़िल पर हम पहुंच ना सका

– Raj

7. कुछ रिश्तें ज़िन्दगी में

अर्ज़ कुछ यूँ किया है ज़रा गौर फरमाइयेगा

कुछ रिश्ते ज़िन्दगी में डॉन की तरह होतें हैं
कुछ रिश्ते ज़िन्दगी में डॉन की तरह होतें हैं
टूटकर बिखरना मुश्किल ही नही नामुमकिन होतें हैं

— Raj

8. महफ़िल में तन्हा

अर्ज़ कुछ यूँ किया है ज़रा गौर फरमाइयेगा

महफ़िल में तन्हा मैं कभी न थें
महफ़िल में तन्हा मैं कभी न थें
तुम्हारें इश्क़ ने मुझे तन्हा कर दिया
खुशनुमा ज़िन्दगी बसर कर रहा था मैं
मेरी ज़िन्दगी में तुमने दस्तक क्यों दिए

— Raj

9. दुनिया का अंदाज़

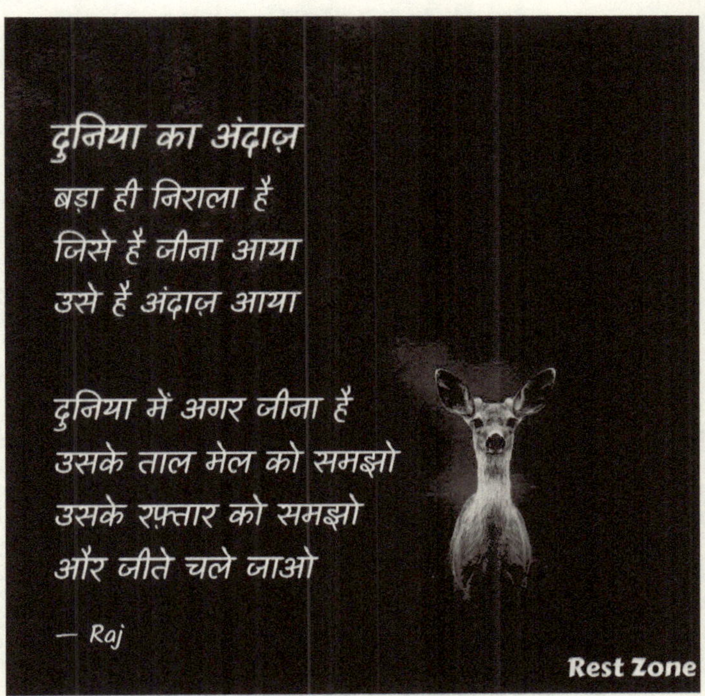

दुनिया का अंदाज़
बड़ा ही निराला है
जिसे है जीना आया
उसे है अंदाज़ आया

दुनिया में अगर जीना है
उसके ताल मेल को समझो
उसके रफ़्तार को समझो
और जीते चले जाओ

— Raj
Rest Zone

10. एक लेखक की दुनिया

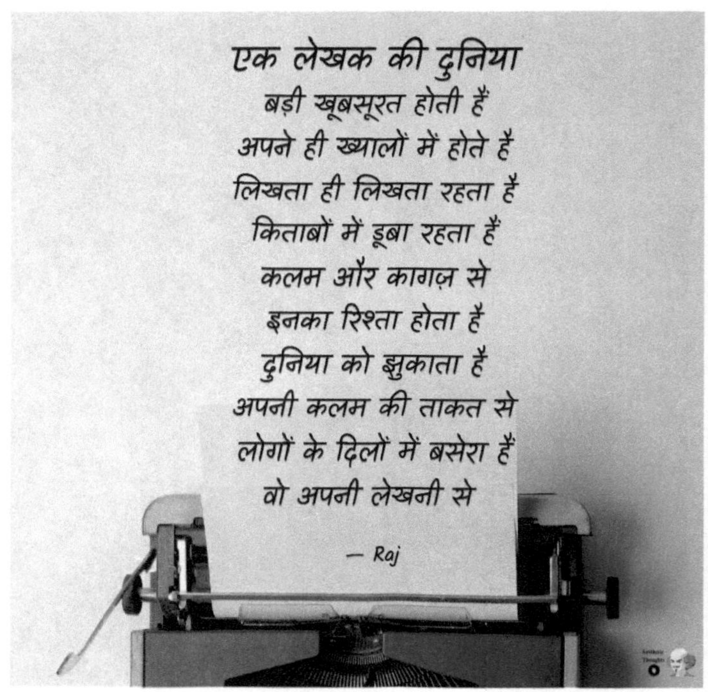

11. बेहतरीन किताब

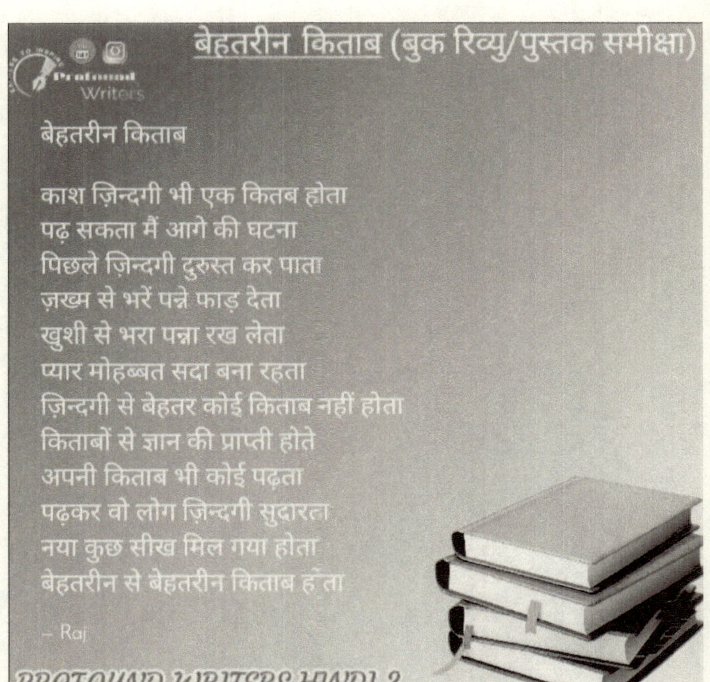

Profound
Writers
बेहतरीन किताब (बुक रिव्यु/पुस्तक समीक्षा)
बेहतरीन किताब

काश ज़िन्दगी भी एक कितब होता
पढ़ सकता मैं आगे की घटना
पिछले ज़िन्दगी दुरुस्त कर पाता
ज़ख्म से भरें पन्ने फाड़ देता
खुशी से भरा पन्ना रख लेता
प्यार मोहब्बत सदा बना रहता
ज़िन्दगी से बेहतर कोई किताब नहीं होता
किताबों से ज्ञान की प्राप्ती होते
अपनी किताब भी कोई पढ़ता
पढ़कर वो लोग ज़िन्दगी सुधारता
नया कुछ सीख मिल गया होता
बेहतरीन से बेहतरीन किताब हंता

– Raj

PROFOUND WRITERS HINDI 2

12. कांच की तरह जदगी

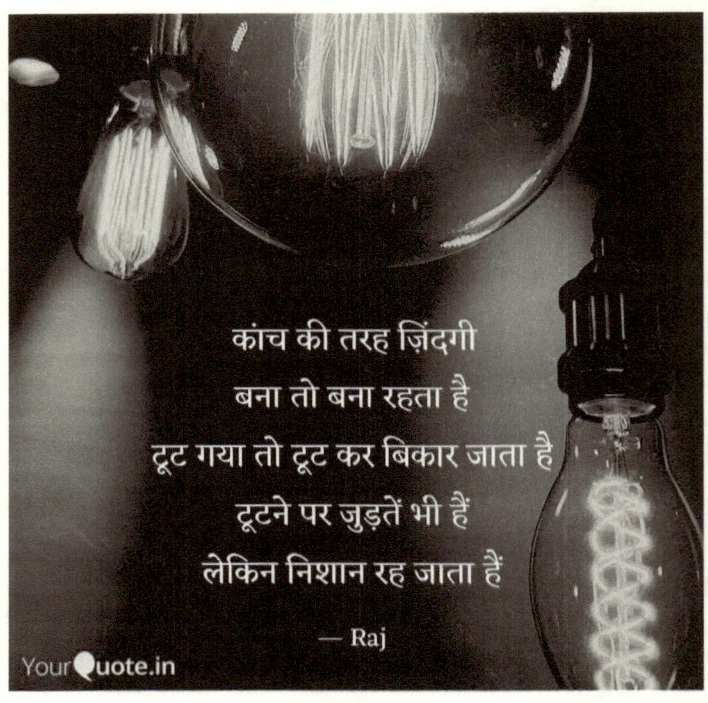

13. ज़िन्दगी की दौड़ में

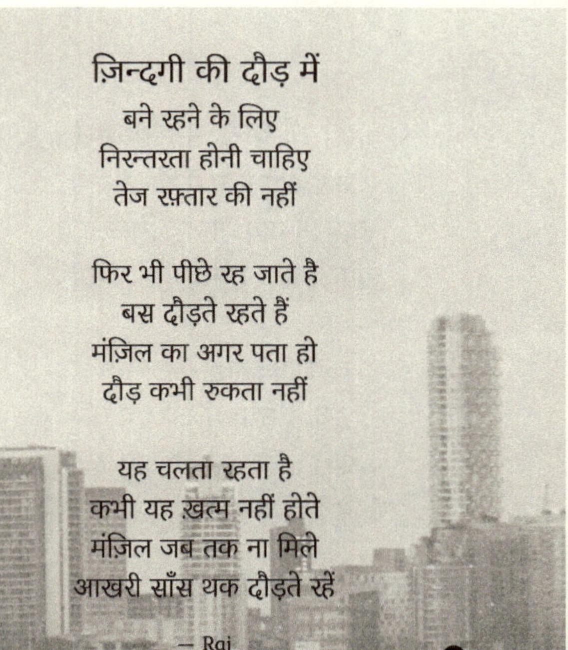

ज़िन्दगी की दौड़ में
बने रहने के लिए
निरन्तरता होनी चाहिए
तेज रफ़्तार की नहीं

फिर भी पीछे रह जाते है
बस दौड़ते रहते हैं
मंज़िल का अगर पता हो
दौड़ कभी रुकता नहीं

यह चलता रहता है
कभी यह ख़त्म नहीं होते
मंज़िल जब तक ना मिले
आखरी साँस थक दौड़ते रहें

— Raj
YourQuote.in

14. जो भी करो, मन से करो

जो भी करो, मन से करो
बस अपना कर्म करते रहो
कर्म से जब आनंद मिलता है
सफलता कदम चूमने लगता है

कर्म के सिवा कुछ नहीं है
इस दुनिया में जो हम करें
सच्चे दिल से किए हुए कर्म
आनंद ही आनंद प्रधान करते हैं

15. चाहत तेरी

16. चाँद

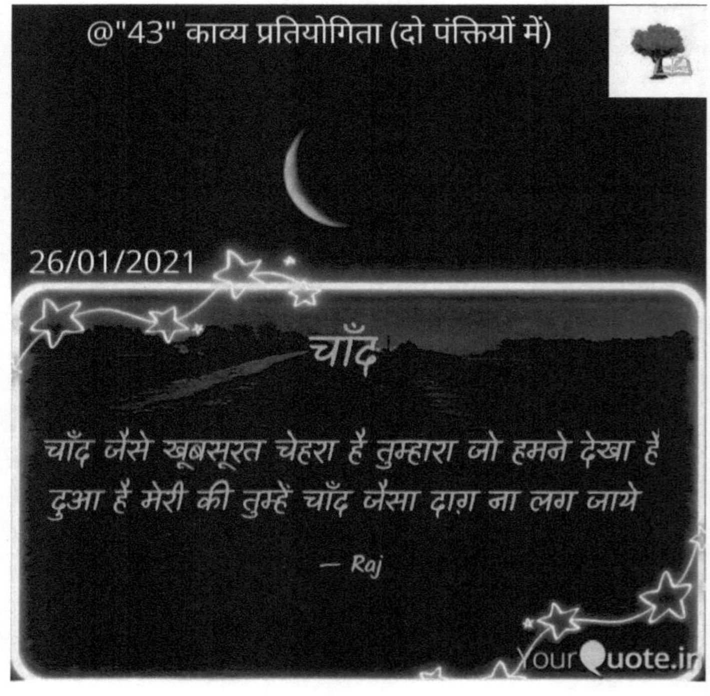

@"43" काव्य प्रतियोगिता (दो पंक्तियों में)
26/01/2021
चाँद
चाँद जैसे खूबसूरत चेहरा है तुम्हारा जो हमने देखा है
दुआ है मेरी की तुम्हें चाँद जैसा दाग़ ना लग जाये
— Raj
YourQuote.in

17. रस्ते सारे खो जाते हैं

रस्ते सारे खो जाते हैं
चलते-चलते सभी मुसाफ़िर सो जाते हैं
थक जातें है इंझान ज़िन्दगी के सफ़र में
मंज़िल पास हो और रास्ते खो जाते हैं

राह दिखाने वाला कोई मिल जाये अगर
ज़िन्दगी का सफ़र तय करना आसान होता
ज़िन्दगी में जब कोई अपना साथ ना दे तो
हर सफ़र पार करना मुश्किल होता

— Raj

18. हर शाम तुम्हारा इंतज़ार

दिल होता है क्यों बेक़रार
हर शाम तुम्हारा इंतज़ार
क्यों करता है बार बार
दिल तड़पता है कितने बार

तुम तो आते हो देर से
क्या करूँ में प्यार से
एक इंतज़ार के सिवा
और क्या काम है मुझे

— Raj

19. गुज़रते वक़्त के साथ

गुज़रते वक़्त के साथ
दिल का दर्द भी दूर हो
तुम्हारे हर ज़ख्म को मैं
धीरे धीरे भूल जाऊँ

वापस अपनी ज़िन्दगी में
धीरे धीरे मैं लौट आऊँ
बस यही तम्मना दिल में
हर वक़्त लिए रहता हूँ

— Raj

20. इस दिल की फ़रमाशें

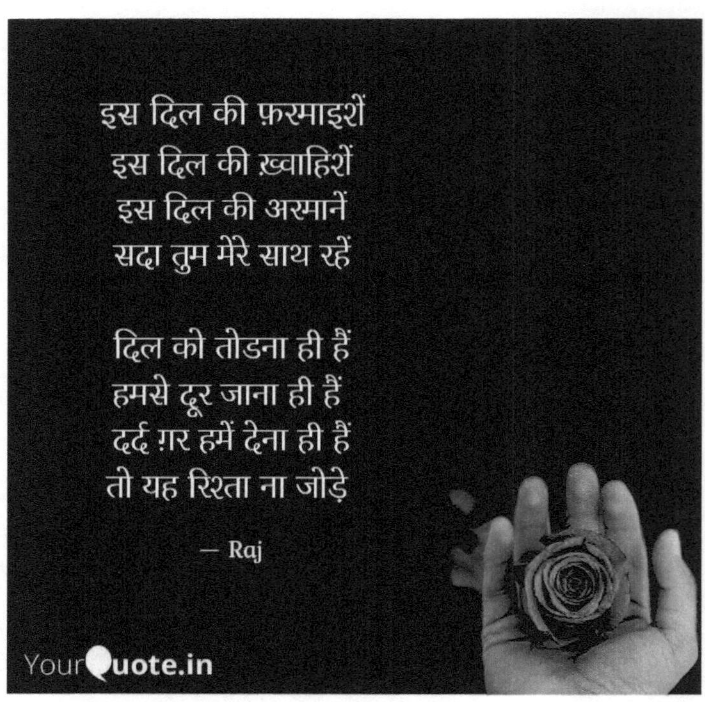

21. बहते आंसू

बहते आंसू
दिल में इतने सारे दर्द हैं
दर्द भी जो तुमने दिये
यह आँखों से बहते आंसू
ना कभी तुमने देखें और ना जाने
यह दर्द में बेहता रहा हर पल
और दर्द सहता गया मैं हर पल
– Roj

22. सपने जो मेरे थे अधूरे

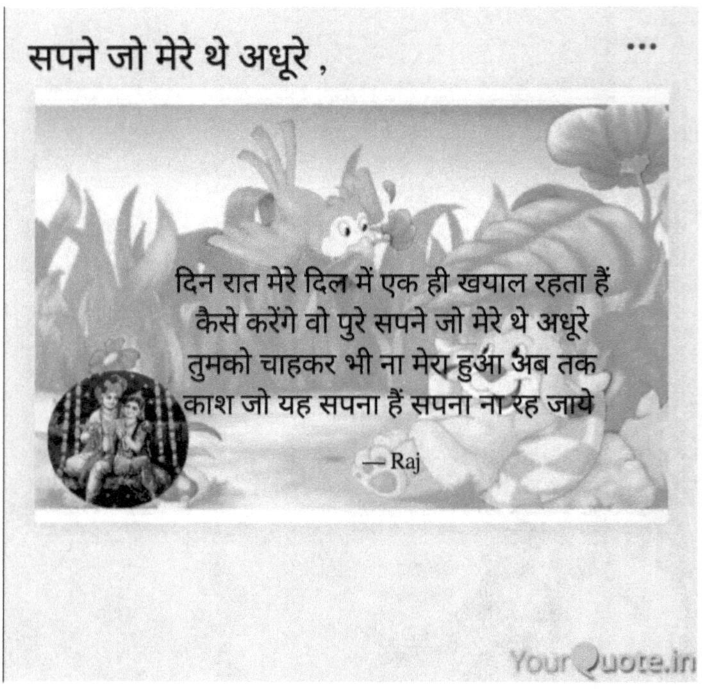

23. दोस्ती बंधन नहीं

दोस्ती बंधन नहीं
यह एक एहसास है
यह एक विश्वास है
उम्र बर के साथ का

दोस्तों से बनती है
ज़िन्दगी यह हमारी
दोस्तों के बिना है
ज़िन्दगी अधूरी हमारी

— Raj

Your Quote.in

24. आदत

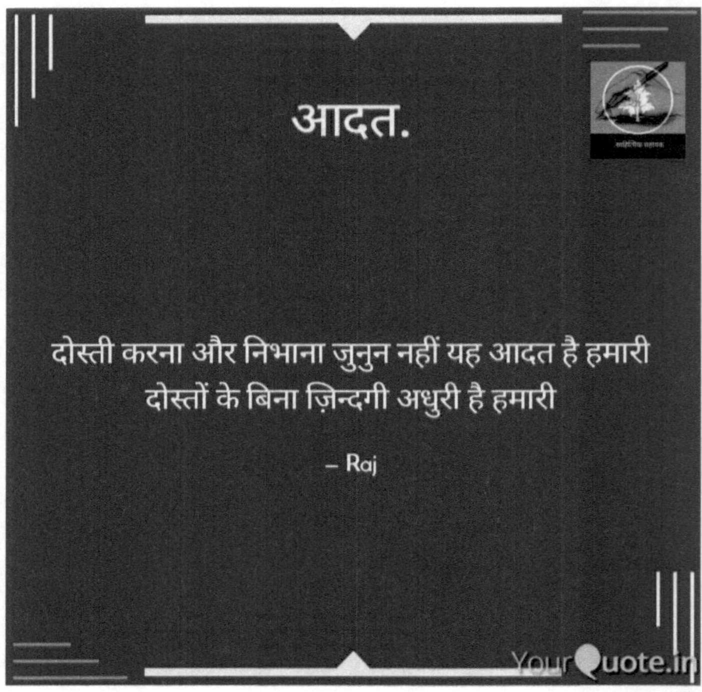

25. दिल के ज़ख्म

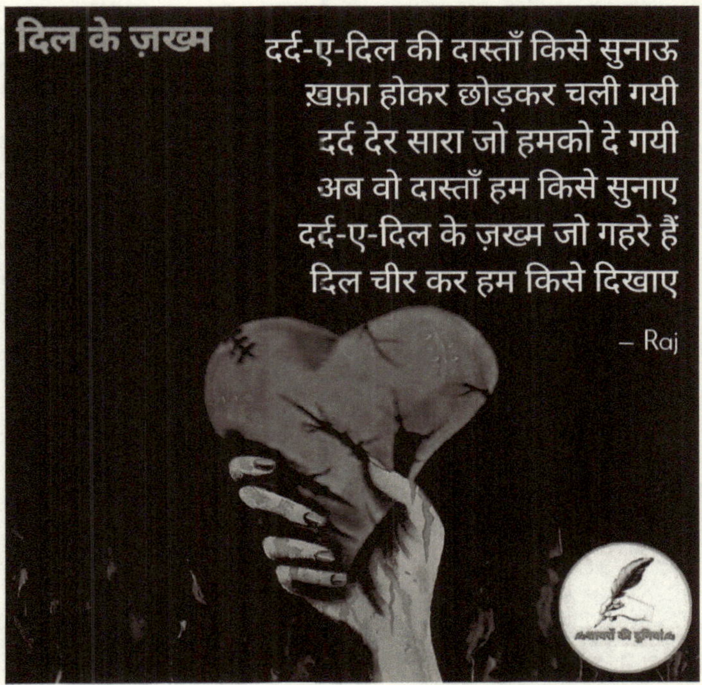

दिल के ज़ख्म
दर्द-ए-दिल की दास्ताँ किसे सुनाऊ
ख़फ़ा होकर छोड़कर चली गयी
दर्द देर सारा जो हमको दे गयी
अब वो दास्ताँ हम किसे सुनाए
दर्द-ए-दिल के ज़ख्म जो गहरे हैं
दिल चीर कर हम किसे दिखाए
– Raj

26. नाटक जारी है

YourQuote.in
दुनिया के रंगमंच पर
नाटक जारी है
हम सब कलाकार
किरदार निभा रहा हैं

अपनी अदाकारी के पश्चात
रंगमंच छोड़कर जातें हैं
फिर नया कलाकार
आगमन कर जाते है

— Raj

27. हमारे इश्क़ के रास्ते में

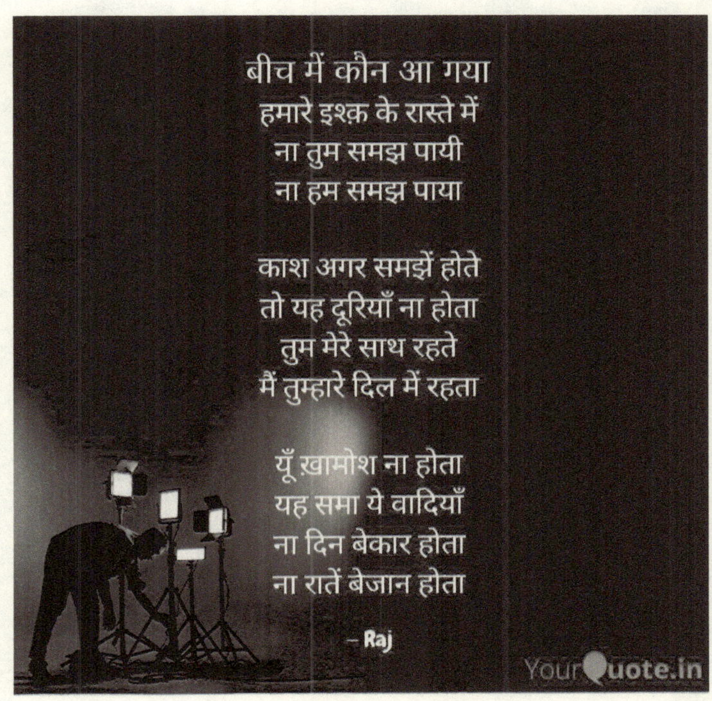

28. हम अब भी...

हम अब भी....
हम अब भी तुमसे
उतना ही प्यार करतें है
जितना पहले करते थे
और हम करतें ही रहेंगे

प्यार में मेरे कोई कमी नहीं
चाहत में भी कमी नहीं
लाख तुम मुझे धोका दे दे
दिल में बस तुम ही बसें हैं

भूल नहीं पाउँगा तुम्हे
यादों में रहेंगे सदा तुम
राह ताक रहा हूँ मैं
तुम्हारे घर वापसी की

– Raj

29. कांटो की तरह

कांटों की तरह
होता है यह प्यार
कभी यह चुबती है
तो कभी चूमती है

कभी यह दर्द देता है
कभी मीठा एहसास
कभी यह दुःख देता है
कभी एक अनोखा सुख

— Raj

30. किसी के मुस्कुराने की वजह

31. इज़हार

"इज़हार"
इज़हार-ए-मोहब्बत मैंने तुमसे किया
इश्क़-ए-मोहब्बत चाहता हूँ मैं तुमसे
— Raj
नोट- प्रतियोगिता ('2 पंक्तियों में')

32. शांति मिलती है

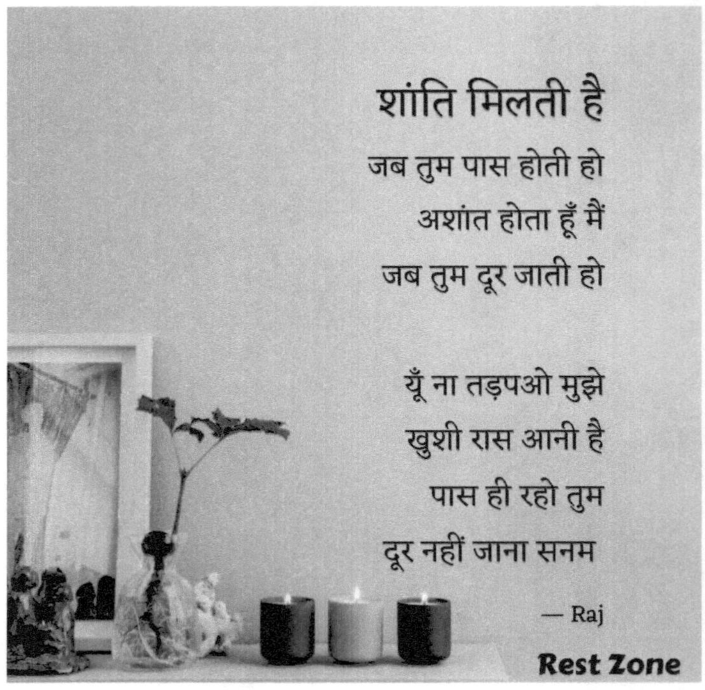

शांति मिलती है
जब तुम पास होती हो
अशांत होता हूँ मैं
जब तुम दूर जाती हो

यूँ ना तड़पओ मुझे
खुशी रास आनी है
पास ही रहो तुम
दूर नहीं जाना सनम

— Raj

Rest Zone

33. सच्चाई की राह कठिन

सच्चाई की राह कठिन
झूठ की राह अल्पायु
सच्चाई की राह पर विजय निश्चित
झूठ की राह पर पराजय निश्चित

कठिन हो या सरल
सच की राह पर चलता चल
सारे मुश्किलों को हँसकर
मुकाबला करते चलता चल

— Raj

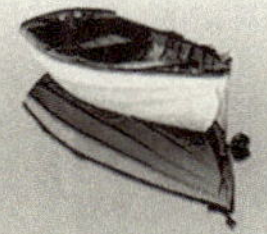

34. ऐसा तो होता रहता है

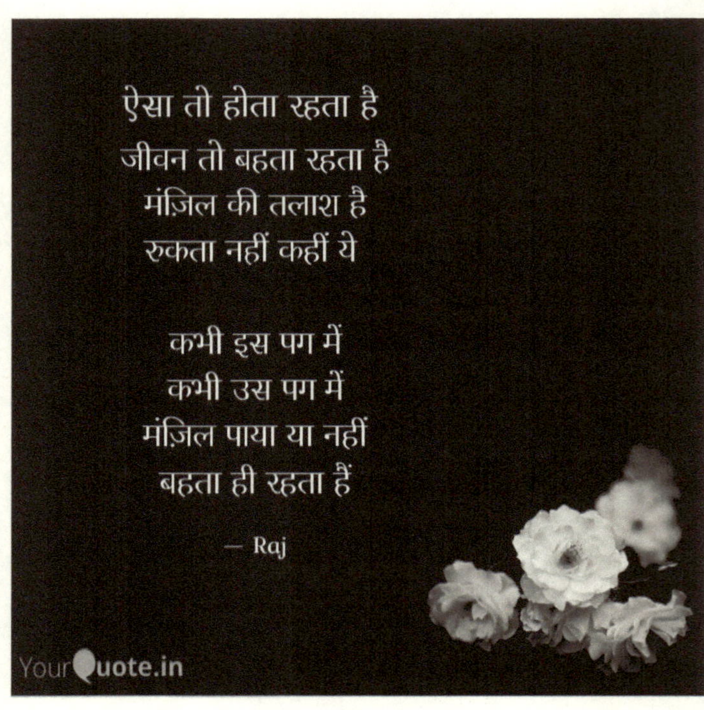

35. अपनी धुन है, अपना राग

अपनी धुन है, अपना राग
जीवन की चुनौतियों को
जो सदा स्वीकार करता है
अपनी राह ख़ुद बनाता है

वो हर डगर पर अपना
निशान छोड़ जाता है
दुनिया के नज़र में
मिसाल बन जाता है

— Raj

36. जीवन मूल्य सँजो कर रखें

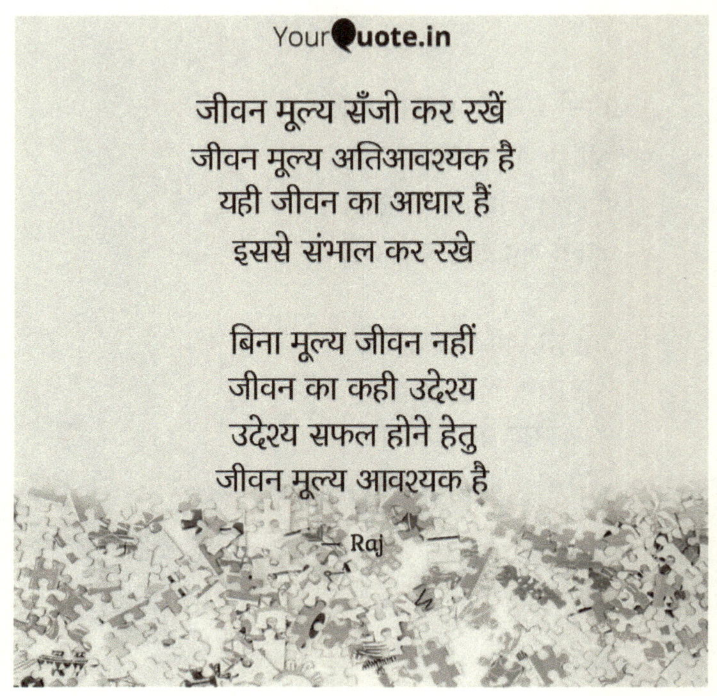

37. किरदार

किरदार

जीवन नामक इस रंग मंच पर
इंसान अपना किरदार निभा रहा है

— Raj

38. चाय का करिश्मा है

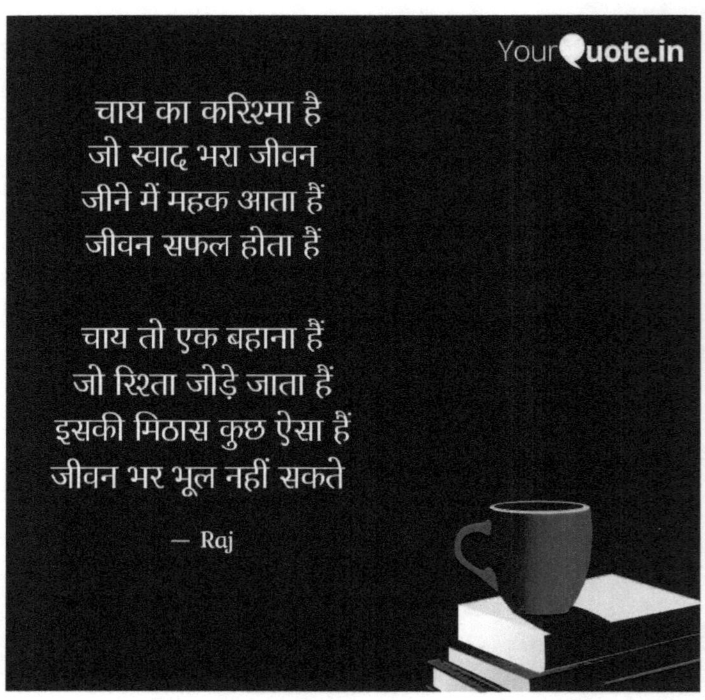
चाय का करिश्मा है
जो स्वाद भरा जीवन
जीने में महक आता हैं
जीवन सफल होता हैं

चाय तो एक बहाना हैं
जो रिश्ता जोड़े जाता हैं
इसकी मिठास कुछ ऐसा हैं
जीवन भर भूल नहीं सकते

— Raj

39. जरुरत

जरूरत

जरुरत है हमें तुम्हारे प्यार की
सुकून और मीठी एहसास की
तुम साथ हो मेरे यह विश्वास की
उम्र भर का साथ और सहवास की

– Raj

40. कभी तो सुरुआत करनी होगी

कभी तो शुरुआत करनी होगी
काम का आरंभ करनी होगी
आरंभ अगर नहीं किया
तो काम ख़ुद पुरे नहीं होते

करी काम का प्रारंभ उत्साह से
तभी तो काम पूरी होगी
मेहनत से ही सब कुछ बनता है
खाली हाथ बैठे तो कैसे होगी

— Raj

41. आईना

आईना

कभी कभी आईना भी देखा करो तुम
अपने आप पर जो गुरुर हैं टूट जायेगा

— Raj

30/01/2020
@"47" काव्य प्रतियोगिता (दो पंक्तियों में) YourQuote.in

४२. हमको अंदाज़ नहीं था

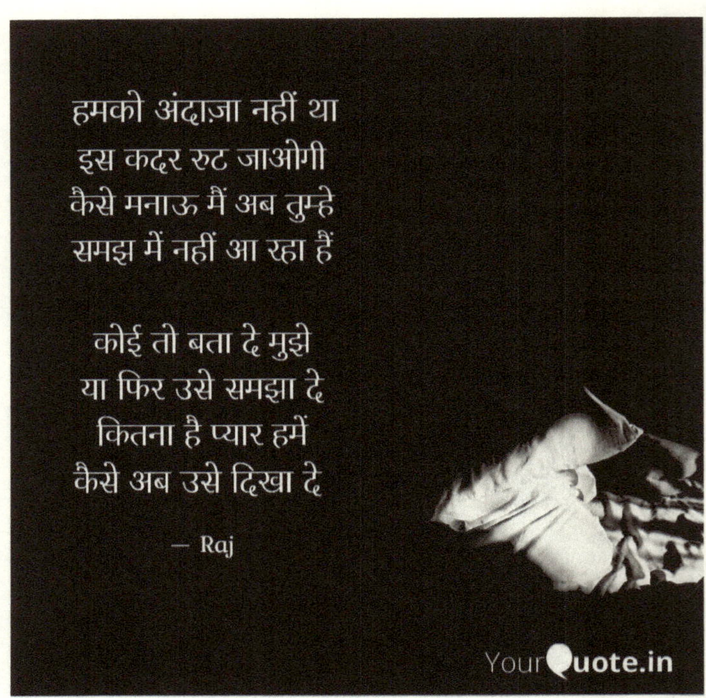

43. कहाँ तक बच सकेगा

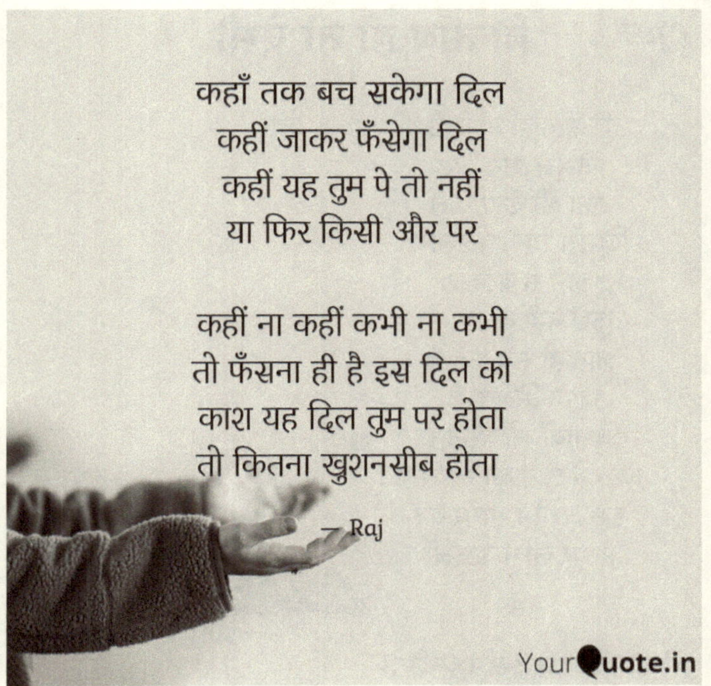

44. किताब हो तो ऐसी

किताब हो तो ऐसी

किताब हो तो ऐसी
जिससे ज्ञान मिलें
ज्ञान भी ऐसा मिलें
जिससे ज्ञानी कहलाये
ज्ञान से बढकर
कुछ नहीं दुनिया में
ज्ञान ही सब कुछ हैं
ज्ञान मिलता है
किताबों को पढ़ने से
किताबें ज्ञान का सागर है
इस असीम सागर का
भरपूर लाभ उठाओ

– Raj

प्रोफाउंड राइटर्स हिन्दी 3

45. शीशे का दिल

कोई गलती नहीं के पत्थर के ज़माने में शीशे का दिल हो
हम वो होनी चाहिए जो शीशे से पत्थर को तोड़ दें

— Raj

46. मैं एक पहेली हूँ

Rest Zone

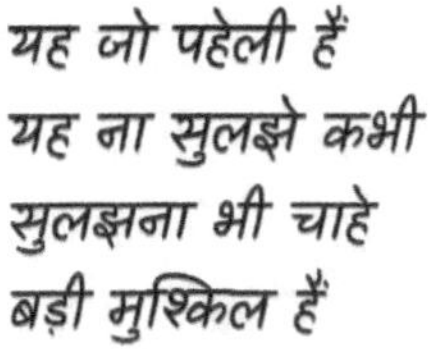

मैं एक पहेली हूँ
कोई ना समझें मुझे
जितना भी समझना चाहूँ
और उलझती जायें

यह जो पहेली हैं
यह ना सुलझे कभी
सुलझना भी चाहे
बड़ी मुश्किल हैं

— Raj

Sketch by - Kanta Warde

47. शिकायत

शिकायत

कोई शिकायत नहीं किसी से जिसने हमें समझा ही नहीं
यह गलती उनकी नहीं हमारा ही बनावट में खराबी हैं

– Raj

YourQuote.in

48. क्षमता

क्षमता

–

क्षमता ना हो ग़र तुम में ऐ इंसान
मंज़िल तक पहुंचना मुश्किल है

– Raj

49. मौसम में आज

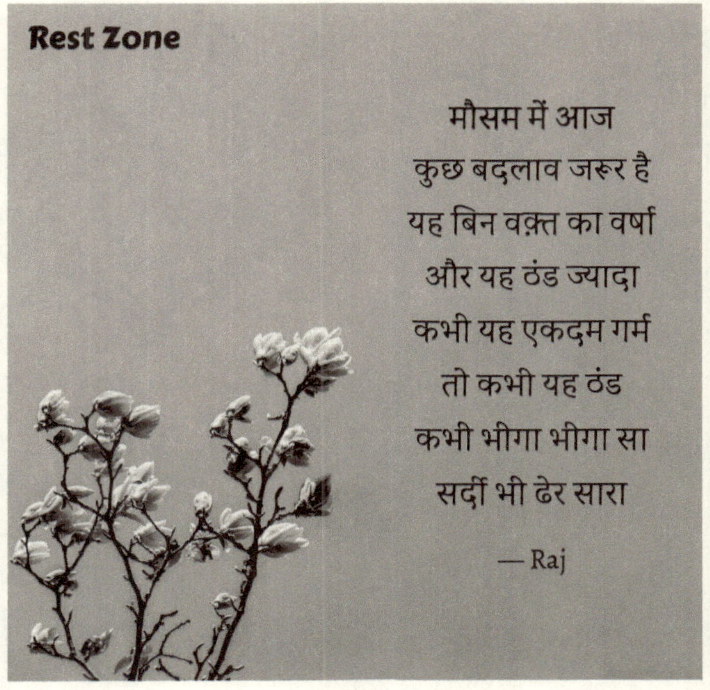

Rest Zone

मौसम में आज
कुछ बदलाव जरूर है
यह बिन वक़्त का वर्षा
और यह ठंड ज्यादा
कभी यह एकदम गर्म
तो कभी यह ठंड
कभी भीगा भीगा सा
सर्दी भी ढेर सारा

— Raj

50. दर्द छलक जाता है

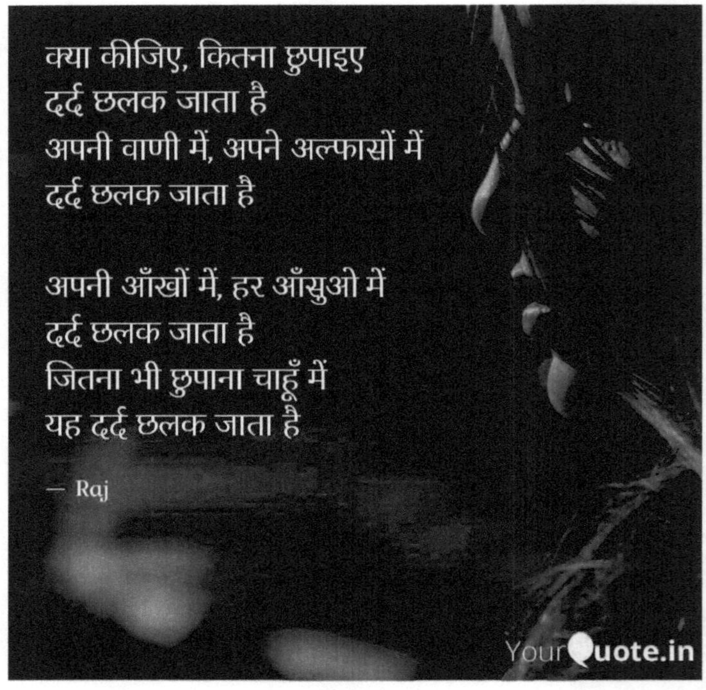

51. लकीरों में हम

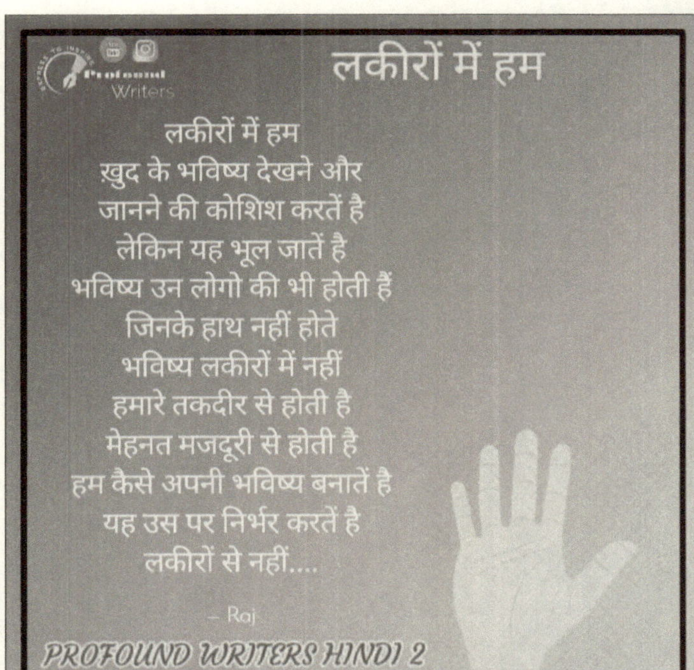

लकीरों में हम
लकीरों में हम
ख़ुद के भविष्य देखने और
जानने की कोशिश करतें है
लेकिन यह भूल जातें है
भविष्य उन लोगो की भी होती हैं
जिनके हाथ नहीं होते
भविष्य लकीरों में नहीं
हमारे तकदीर से होती है
मेहनत मजदूरी से होती है
हम कैसे अपनी भविष्य बनातें है
यह उस पर निर्भर करतें है
लकीरों से नहीं....
– Raj
PROFOUND WRITERS HINDI 2

52. यह बादल कहते है

53. आखरी मंज़िल

आख़िरी मंज़िल
मैं तो एक मुसाफिर हूँ
जीवन के राह पर चला हूँ
ना मंज़िल का पता है
ना ही कोई ठिकाना है

ज़िन्दगी के इस राह में हमें
सुख भी मिले और दुःख भी
सपने अपने टूट गए
अपने हमसे रूठ गए

मंज़िल कही दिखा नहीं
चलते चले जा रहें हैं
रुकना नहीं है जब तक हमें
आखरी मंज़िल ना मिले

- Raj

54. मैं वो किताब हूँ

मैं वो किताब हूँ

मैं वो किताब हूँ जिसके हर पन्ने पर
हमारी प्रेम की मधुर कहानी लिखी है
यह हमारी कहानी भी कुछ ऐसा है
जो दुनिया में सबसे अधिक निराला है
यह एक ऐसी कहानी है जो किसी ने
ना तो कभी सुना और ना ही पड़ा होगा

— Raj

55. बाहों में

"बाहों में"
मेरी बाहों में रहती हो तुम मानो सारा जहाँ मिल गया मुझे
मैं खुश होता हूँ इतना जैसे जीत लिया पूरी दुनिया मैंने

— Raj

नोट- प्रतियोगिता (2 पंक्तियों में)

56. समानता

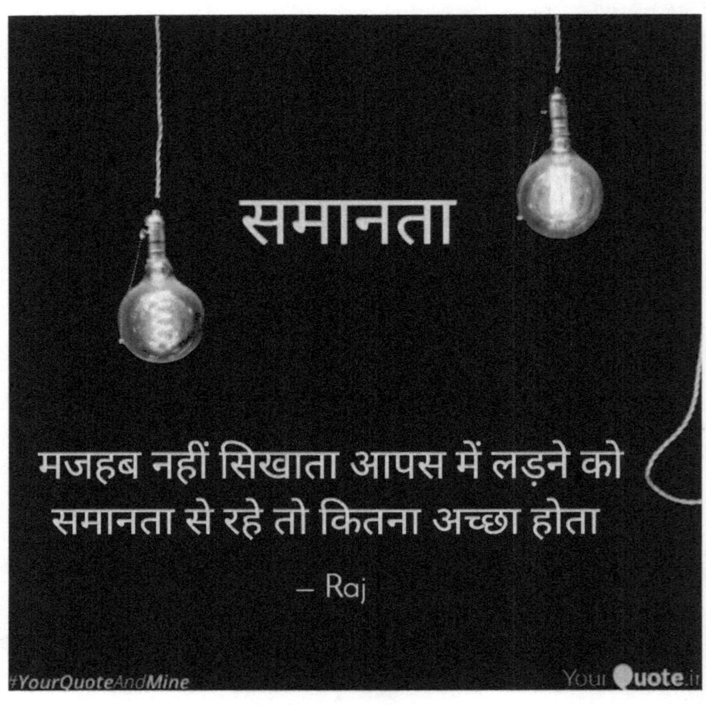

समानता
मजहब नहीं सिखाता आपस में लड़ने को
समानता से रहे तो कितना अच्छा होता
– Raj
#YourQuoteAndMine
Your Quote.in

57. ख़त्म होता ही नहीं

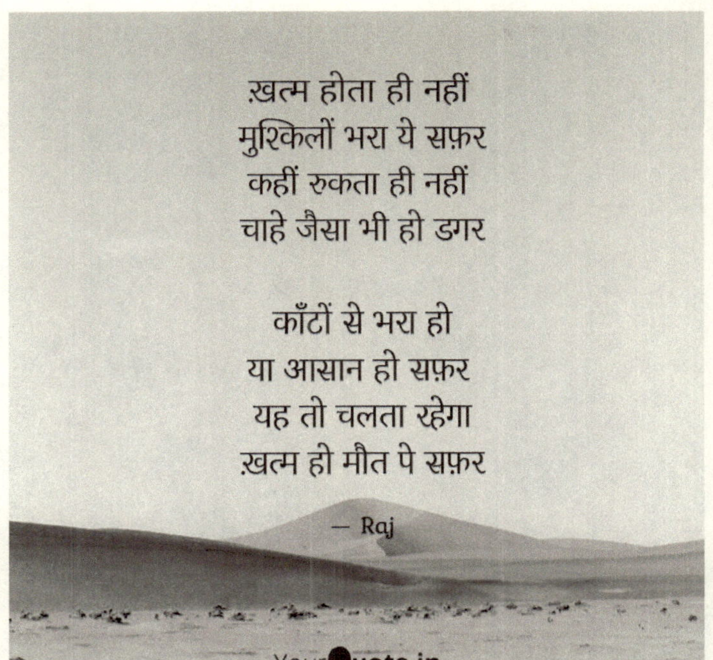

ख़त्म होता ही नहीं
मुश्किलों भरा ये सफ़र
कहीं रुकता ही नहीं
चाहे जैसा भी हो डगर

काँटों से भरा हो
या आसान हो सफ़र
यह तो चलता रहेगा
ख़त्म हो मौत पे सफ़र

— Raj

YourQuote.in

58. लहरों ने सिखाया

Rest Zone
Click by- Preethi Bhat
लहरों ने सिखाया
मुश्किलों का सामना
हर घड़ी हर पल
हँसकर कैसे करतें हैं

लहरों ने सिखाया
हर तकलीफ को
हर वक़्त हर पल
कैसे दूर करतें हैं
— Raj

59. निगाहें तेरी

"निगाहें तेरी"
****
निगाहें तेरी वो सारे दर्द बयान करती है
दिल में तुम्हारी वो दर्द कहर मचाती हैं
घूमसुम सी बैठी हो आँखें नमन है तुम्हारी
फिर भी कुछ पाने की आस लगाए बैठी हो
– Raj
प्रतियोगिता संख्या "11"
YourQuote.in

60. वक़्त तो है मगर

वक़्त तो है मगर
निकाल नहीं पा रहा हूँ मैं
दिन तो ढल गया मगर
रात अभी बाकि है

रात को मिलेंगे मगर
नींद अभी बाकि हैं
सुबह मिलना है तो
काम पर जाना भी जरुरी है

— Raj

61. पहली मोहब्बत

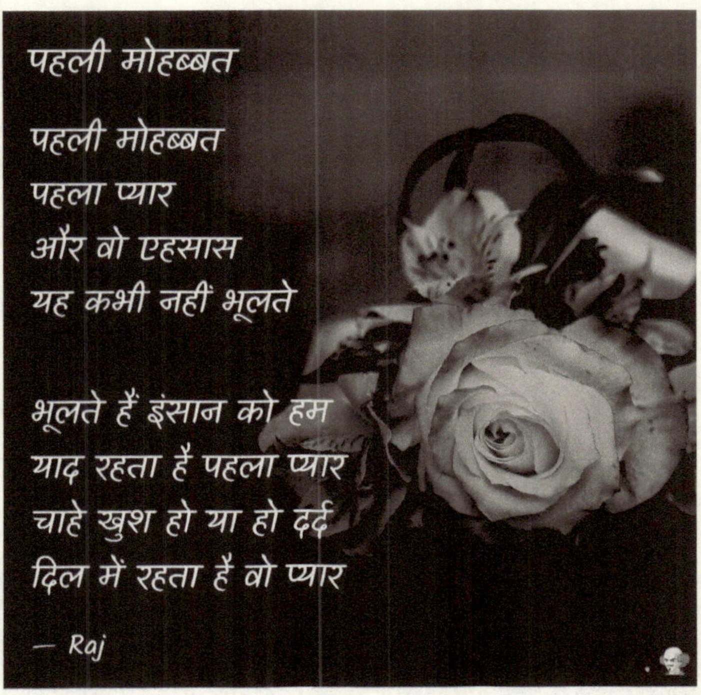

पहली मोहब्बत

पहली मोहब्बत
पहला प्यार
और वो एहसास
यह कभी नहीं भूलते

भूलते हैं इंसान को हम
याद रहता है पहला प्यार
चाहे खुश हो या हो दर्द
दिल में रहता है वो प्यार

— Raj

62. देख लिया दुनिया तुझको

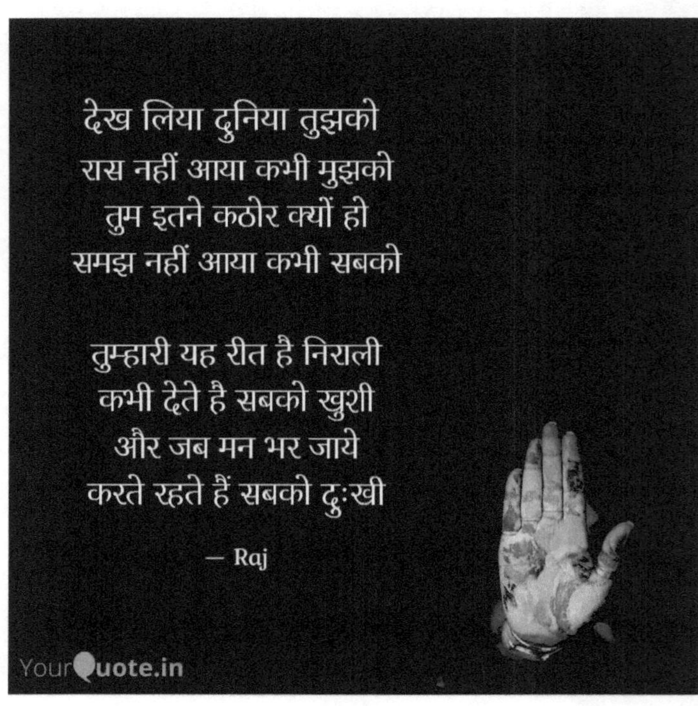

63. रुकता नहीं सफ़र

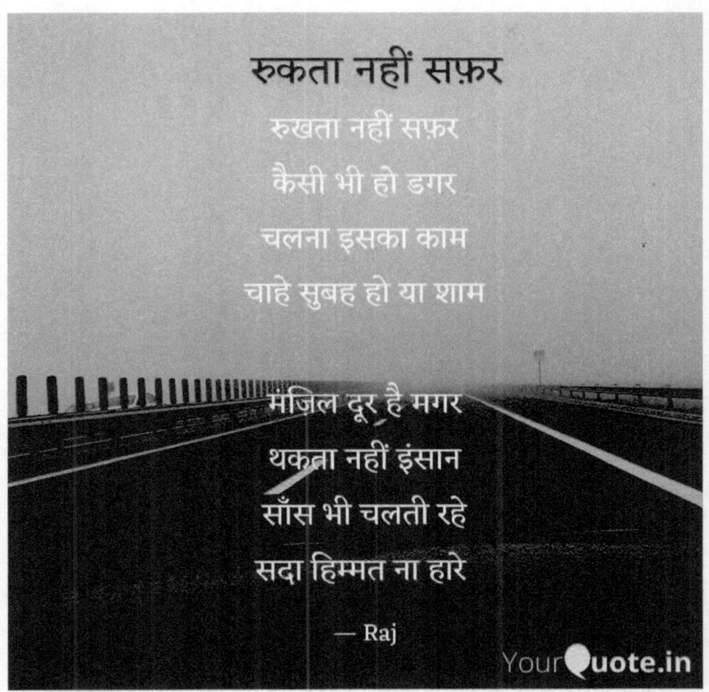

रुकता नहीं सफ़र

रुखता नहीं सफ़र
कैसी भी हो डगर
चलना इसका काम
चाहे सुबह हो या शाम

मंज़िल दूर है मगर
थकता नहीं इंसान
साँस भी चलती रहे
सदा हिम्मत ना हारे

— Raj

YourQuote.in

64. खिले रहो, बने रहो

खिले रहो, बने रहो सदा मुस्कुराते रहो
जीवन की रहा में कांटे हज़ार मिलेंगे

हस्ते हस्ते सफ़र की हर हाल में तय करो
मुक्क्कमल करो हर ख्वाहिश सदा तुम

दुःख ही तो हँसी का सदा मुकोटा होड़े रही
तम्माम मुश्किलों को
हस्ते हस्ते पर करो

— Raj

65. ठहरो सोचो आगे बढ़ो

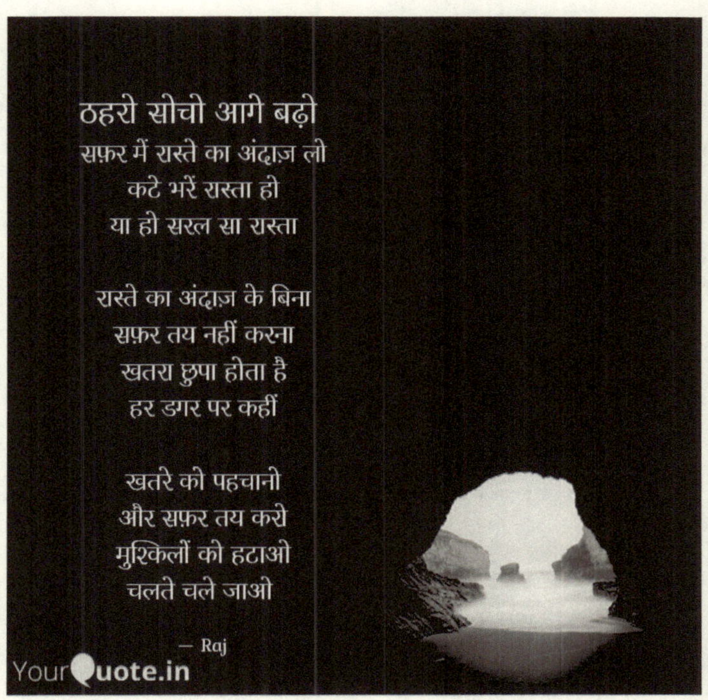

66. सफ़र में तन्हा

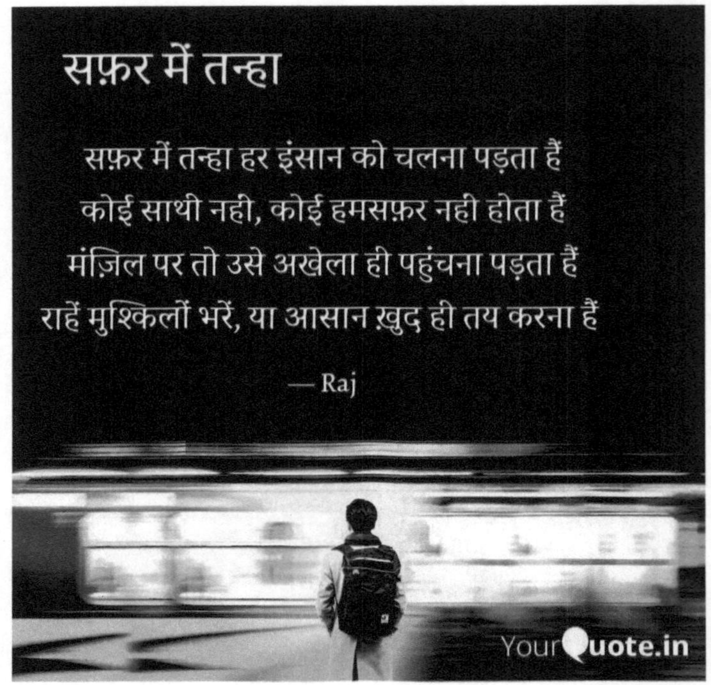

सफ़र में तन्हा
सफ़र में तन्हा हर इंसान को चलना पड़ता हैं
कोई साथी नही, कोई हमसफ़र नही होता हैं
मंज़िल पर तो उसे अखेला ही पहुंचना पड़ता हैं
राहें मुश्किलों भरें, या आसान ख़ुद ही तय करना हैं
— Raj
YourQuote.in

67. तुम अगर मिल भी गए

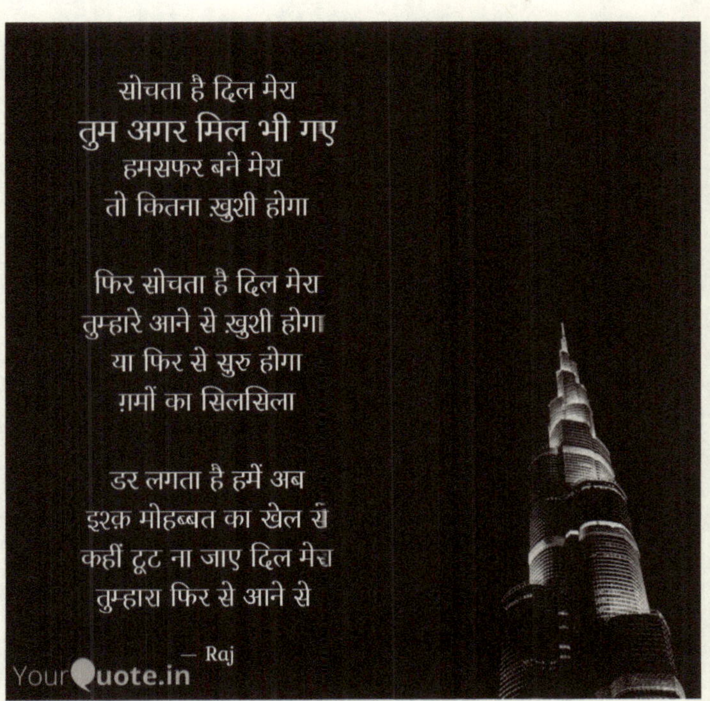

68. सोचते बहुत हो तुम

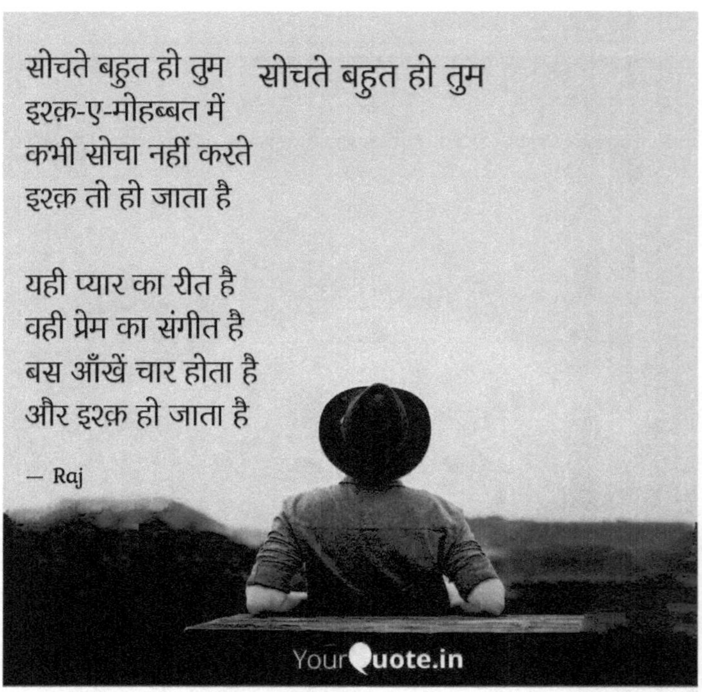

69. सपनों का संसार...

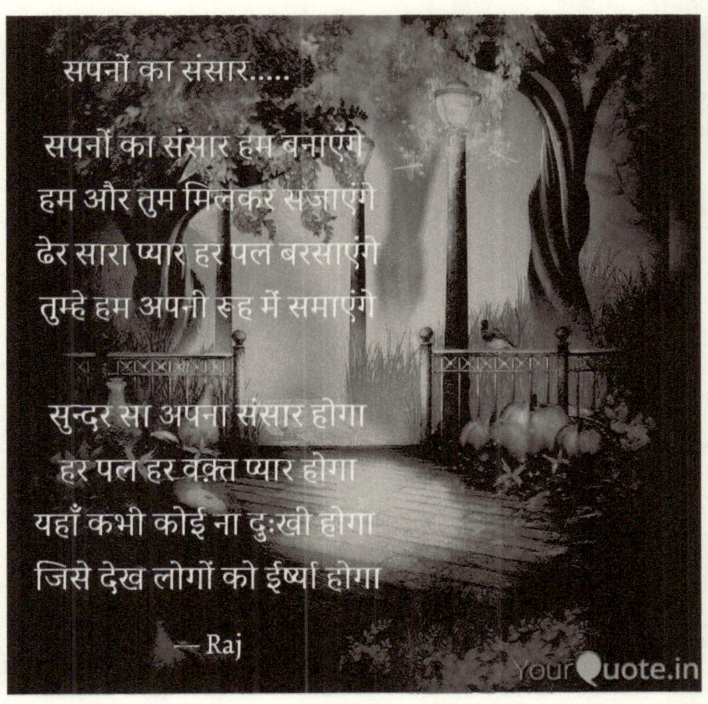

सपनों का संसार.....

सपनों का संसार हम बनाएंगे
हम और तुम मिलकर सजाएंगे
ढेर सारा प्यार हर पल बरसाएंगे
तुम्हे हम अपनी रूह में समाएंगे

सुन्दर सा अपना संसार होगा
हर पल हर वक़्त प्यार होगा
यहाँ कभी कोई ना दुःखी होगा
जिसे देख लोगों को ईर्ष्या होगा

— Raj

70. सूनी राहे

@"44" काव्य प्रतियोगिता (दो पंक्तियों में)
सूनी राहें
सूनी राहें पर निगाहें घड़े बैठे हैं हम तुम्हारें इंतज़ार में
तुम्हारें आने की उम्मीद हैं और इंतज़ार अभी बाकि हैं
— Raj
27/01/2021

71. तेरा ये शर्माना

तेरा ये शर्माना

तेरा ये शर्माना
यूँ झुकी हुई आँखें
यह हल्की सी मुस्कान
हमें अच्छी लगती है

वो प्यारी सीबातें
पैरों के अंगूठे से
ज़मीन पर चित्र बनाना
हमें अच्छा लगता है

– Raj

72. मेरा साया

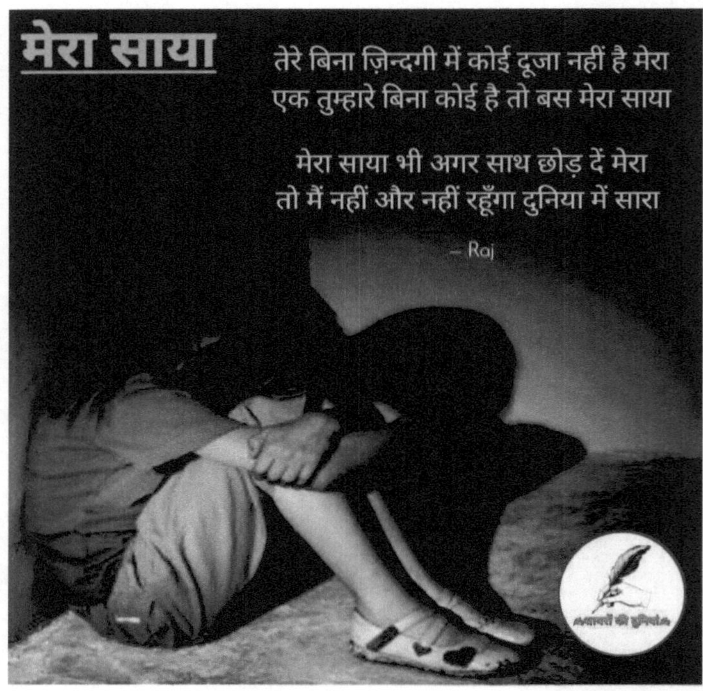

मेरा साया

तेरे बिना ज़िन्दगी में कोई दूजा नहीं है मेरा
एक तुम्हारे बिना कोई है तो बस मेरा साया

मेरा साया भी अगर साथ छोड़ दें मेरा
तो मैं नहीं और नहीं रहूँगा दुनिया में सारा

– Raj

73. तेरे सिवा

तेरे सिवा

तेरे सिवा कोई ना दूजा पर क्या करें हम रह गया अकेला
तुम ना मिली हमको मगर दिल में मेरे बसें हो साँझ सवेरा

— Raj

YourQuote.in

74. तेरे वादे

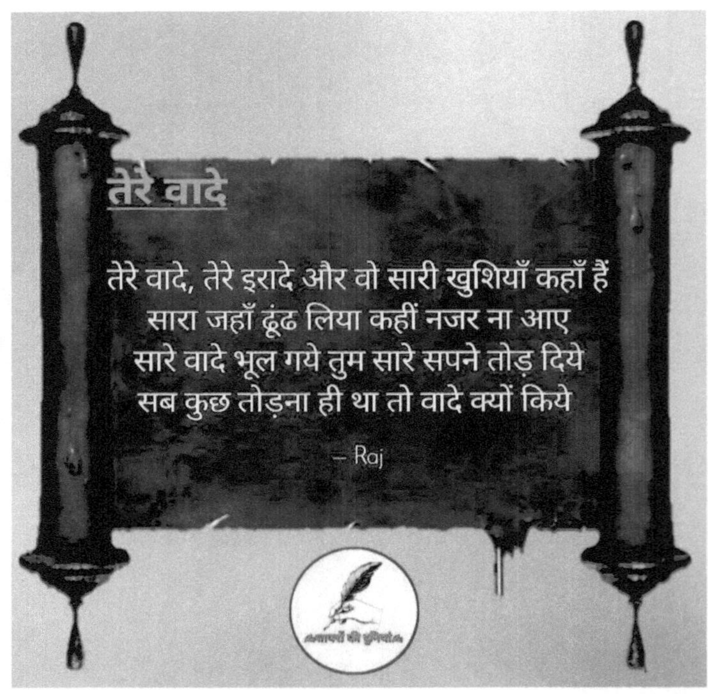

तेरे वादे

तेरे वादे, तेरे इरादे और वो सारी खुशियाँ कहाँ हैं
सारा जहाँ ढूंढ लिया कहीं नजर ना आए
सारे वादे भूल गये तुम सारे सपने तोड़ दिये
सब कुछ तोड़ना ही था तो वादे क्यों किये

– Raj

75. तेरी मौजूदगी

तेरी मौजूदगी

तेरी मौजूदगी मेरी ज़िन्दगी में
बहुत मायना रकता है सनम

तुम्हारे बिना ज़िन्दगी मेरे बस
यूँ ही ख़त्म हो जायेगा सनम

— Raj

YourQuote.in

76. मिट जाने से पहले

मिट जाने से पहले
थोड़ा सा तो जी लें हम
मोहब्बत ना सहीं
नफरत ही सहीं

तुम्हारी यादों के सहारे
थोड़ा सा जी लेंगे हम
खुशियाँ ना सहीं
दिल में दर्द ही सहीं

मिट जाने से पहले
थोड़ा सा तो जे लें हम
— Raj

77. हमदर्दी नहीं चाहिए

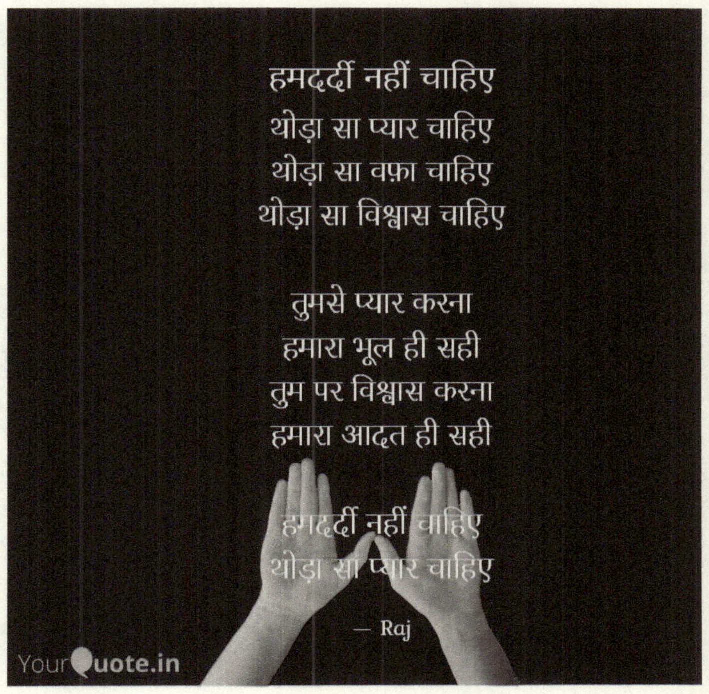

78. कोई तो समझो...

@"45" काव्य प्रतियोगिता
(दो पंक्तियों में)
कोई तो समझो...
तुम चाँद सितारों में से कोई तो समझो मेरे हाल-ए-दिल को
जो किसी के इश्क़-ए-मोहब्बत के तड़प में घायल हुआ है
— Raj
28/01/2020
YourQuote.in

79. तक़दीर में हमारी

तक़दीर में हमारी
तुम्हारा साथ हो ना हो
दिल में बसें हो तुम
चाहे जो कुछ भी हो

निकाल नहीं पाएंगे
यह ज़माना तुम्हें
यह दिल है मेरा
कोई खिलौना नहीं

- Raj

80. सपना मेरा

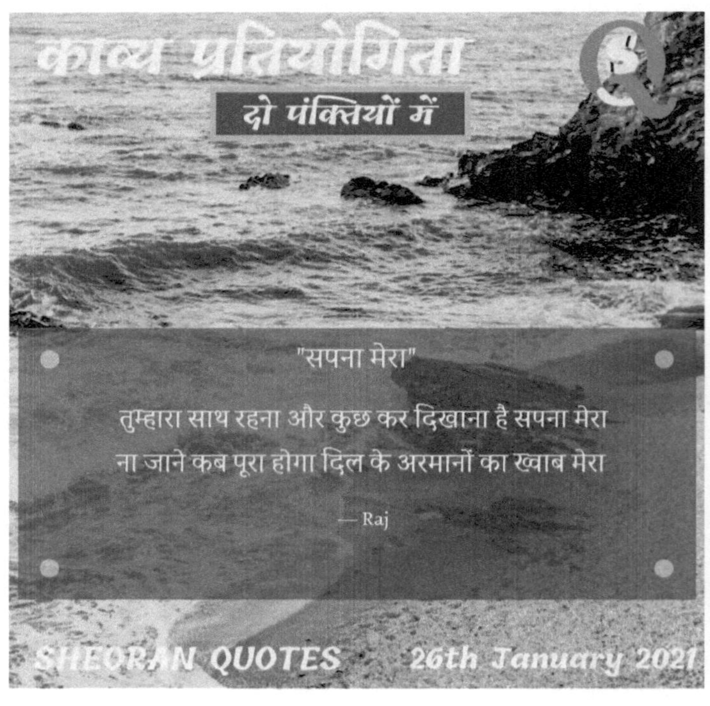
काव्य प्रतियोगिता
दो पंक्तियों में
"सपना मेरा"
तुम्हारा साथ रहना और कुछ कर दिखाना है सपना मेरा
ना जाने कब पूरा होगा दिल के अरमानों का ख्वाब मेरा
— Raj
SHEORAN QUOTES   26th January 2021

81. ये मेहंदी

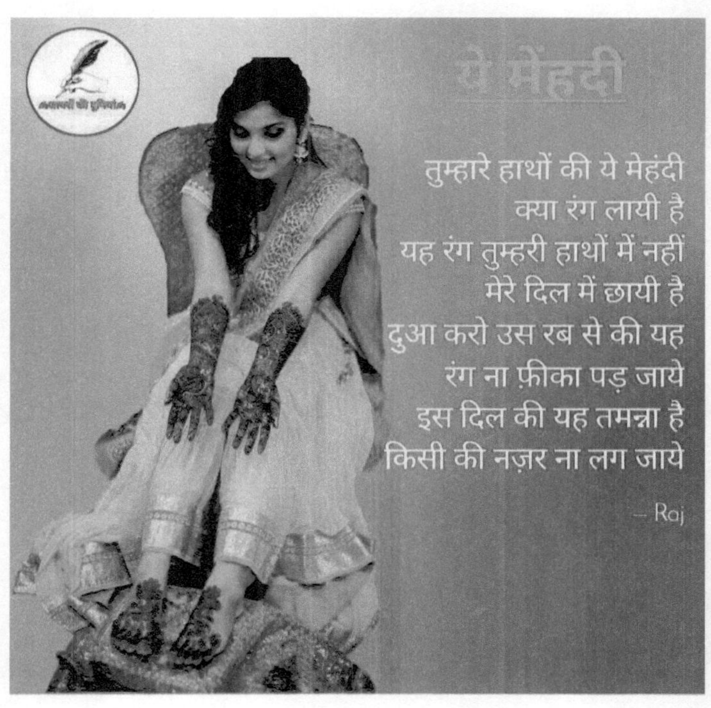

ये मेहंदी
तुम्हारे हाथों की ये मेहंदी
क्या रंग लायी है
यह रंग तुम्हरी हाथों में नहीं
मेरे दिल में छायी है
दुआ करो उस रब से की यह
रंग ना फ़ीका पड़ जाये
इस दिल की यह तमन्ना है
किसी की नज़र ना लग जाये
— Raj

82. सिंदूर

@"32" काव्य प्रतियोगिया (दो पंक्तियों में)
सिंदूर
तुम्हारे माथे की यह सिन्दूर बड़ी सुहानी है
हमारे प्यार की और सुहागन की निशानी है
— Raj
09/01/2020
YourQuote.in

83. दीदार की चाहत

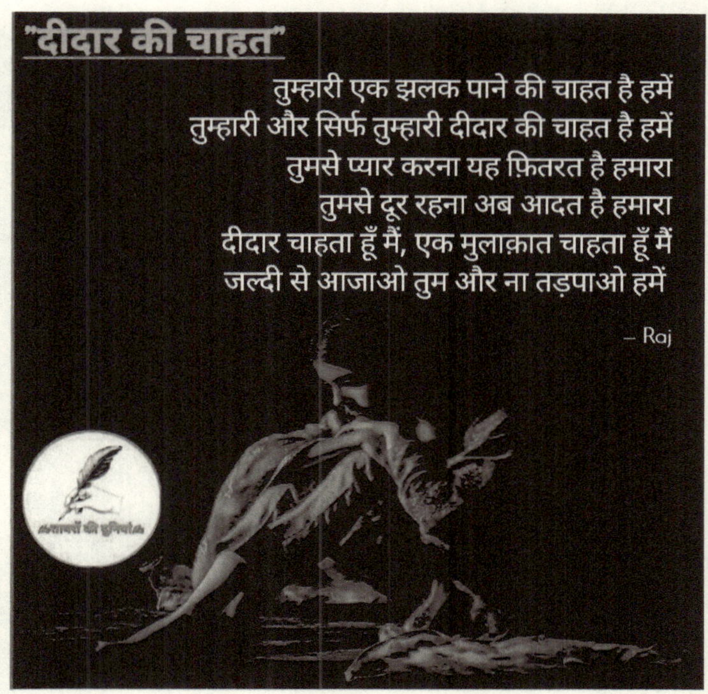

"दीदार की चाहत"
तुम्हारी एक झलक पाने की चाहत है हमें
तुम्हारी और सिर्फ तुम्हारी दीदार की चाहत है हमें
तुमसे प्यार करना यह फ़ितरत है हमारा
तुमसे दूर रहना अब आदत है हमारा
दीदार चाहता हूँ मैं, एक मुलाक़ात चाहता हूँ मैं
जल्दी से आजाओ तुम और ना तड़पाओ हमें
– Raj

84. जब नींद नहीं आती

जब नींद नहीं आती
तुम्हारी याद सताते है
वो सारे मीठे नगमे
जो हम साथ गाते थे

वो सितारों भरी रात
साथ गुजारा करते थे
वो लम्हे जो हमारें हैं
सब याद आता हैं हमें

— Raj

85. क़ातिल नयन

Rest Zone
तुम्हारी यह दो क़ातिल नयन हमें यूँ घायल कर गया
मेरा दिल अब बस तुम्हारा ही नाम गायन कर रहा
– Raj

86. जालिम यादें

"जालिम यादें"
तुम्हारी यह जालिम यादें हमें जीने नहीं देती हैं
तुम्हारी आने की उम्मीदें हमें मरने नहीं देती हैं
– Raj
नोट- प्रतियोगिता ("2 पंक्तियों में")

87. ख़ामोशी

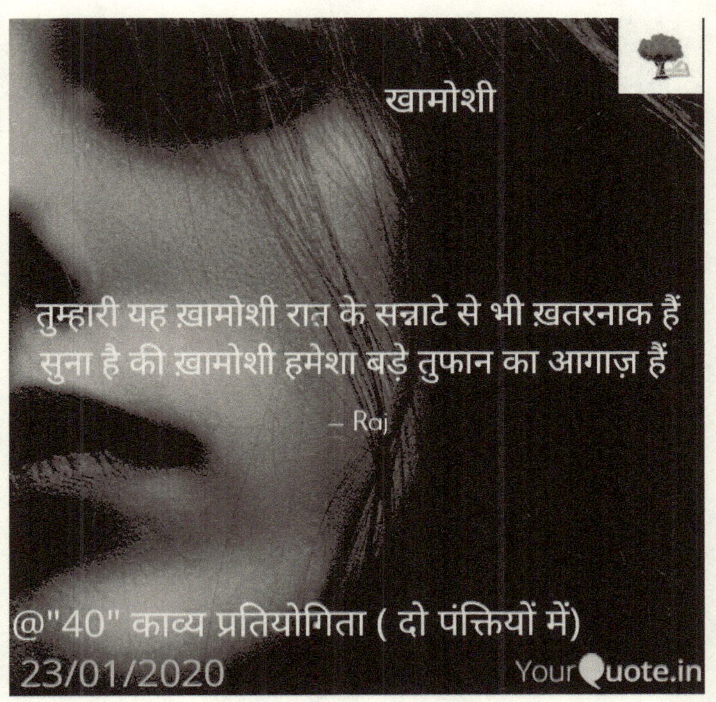

खामोशी
तुम्हारी यह ख़ामोशी रात के सन्नाटे से भी ख़तरनाक हैं
सुना है की ख़ामोशी हमेशा बड़े तुफान का आगाज़ हैं
— Raj
@"40" काव्य प्रतियोगिता (दो पंक्तियों में)
23/01/2020
YourQuote.in

88. नज़र

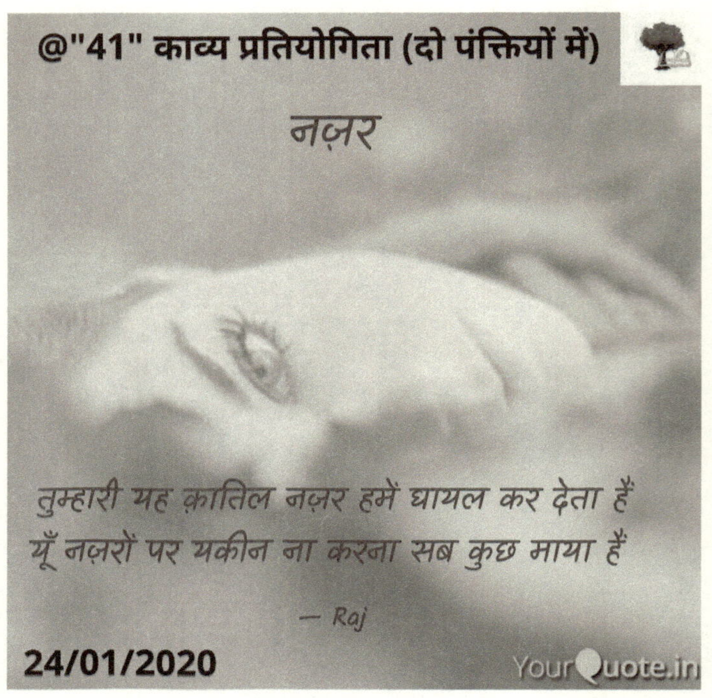

@"41" काव्य प्रतियोगिता (दो पंक्तियों में)

नज़र

तुम्हारी यह क़ातिल नज़र हमें घायल कर देता हैं
यूँ नज़रों पर यकीन ना करना सब कुछ माया हैं

— Raj

24/01/2020

YourQuote.in

89. हमसे तो नहीं होगा

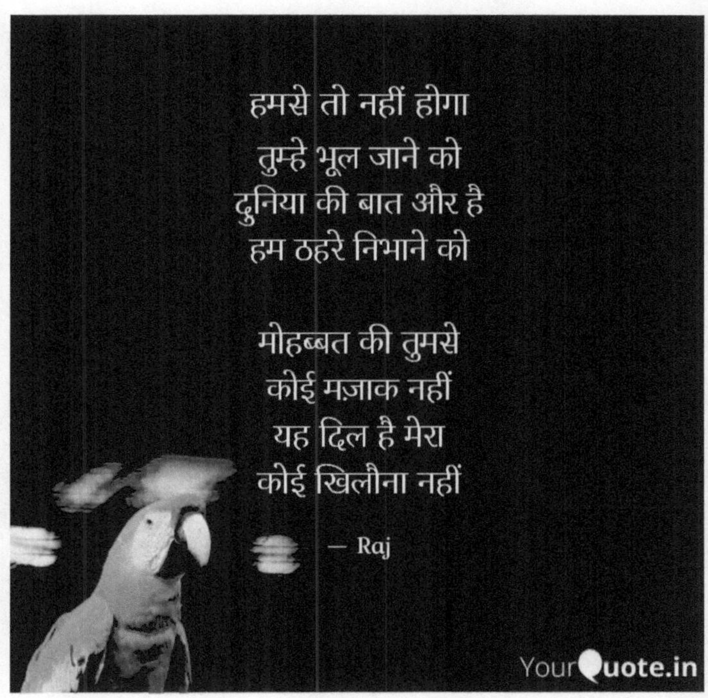

हमसे तो नहीं होगा
तुम्हे भूल जाने को
दुनिया की बात और है
हम ठहरे निभाने को

मोहब्बत की तुमसे
कोई मज़ाक नहीं
यह दिल है मेरा
कोई खिलौना नहीं

— Raj
YourQuote.in

90. तुम्हें देखकर

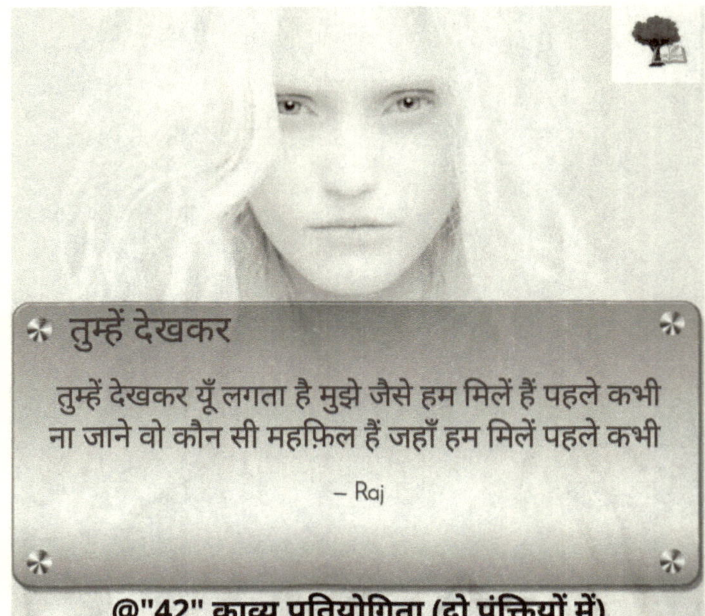

❋ तुम्हें देखकर

तुम्हें देखकर यूँ लगता है मुझे जैसे हम मिलें हैं पहले कभी
ना जाने वो कौन सी महफ़िल हैं जहाँ हम मिलें पहले कभी

– Raj

@"42" काव्य प्रतियोगिता (दो पंक्तियों में)
25/01/2021

91. तुमसे कहना

काव्य प्रतियोगिता
दो पंक्तियों में
"तुमसे कहना"
तुमसे कहना और तुम्हारी मीठी बातें सब अच्छा लगता है
काश तुम मेरी हो जाता तो रोज मैं बोलता रहूं तुमसे
— Raj
SHEORAN QUOTES
28th january 2021

92. सब एक समान नहीं रहता

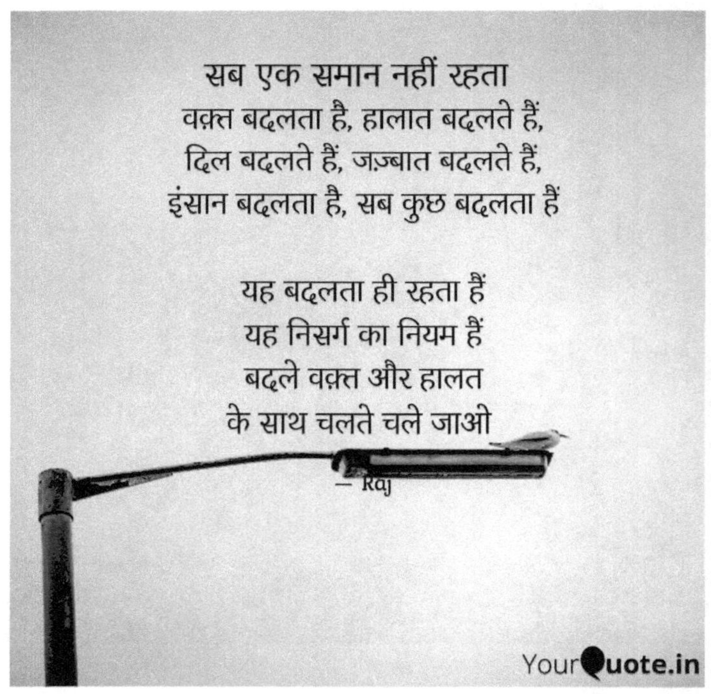

93. रास्ता रोख लिया आँसुओ ने

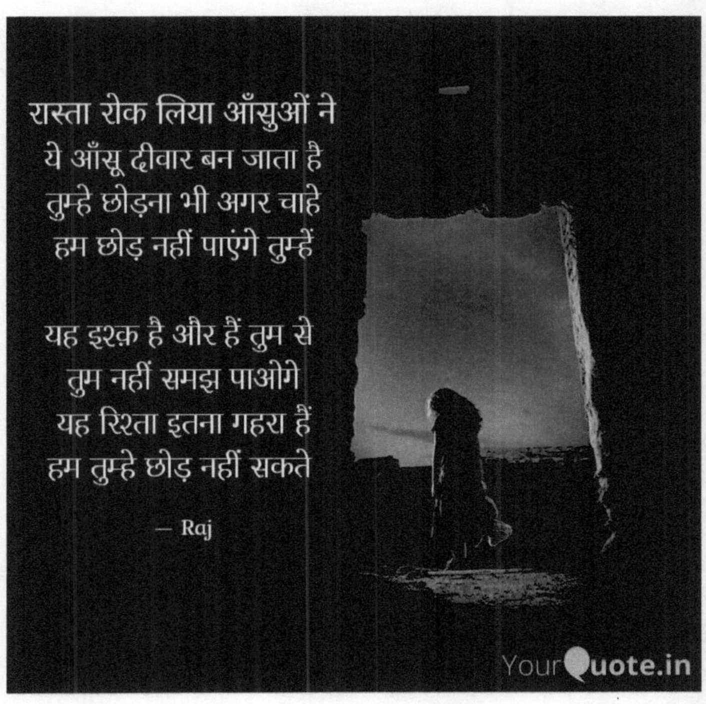

ख़ामोश बचपन

यह आधुनिकीकरण से हुआ ख़ामोश बचपन

ना बच्चे खेल रहे मैदान में, ना ही वो अल्हड़पन

बचपन खो गया मोबाइल और कंप्यूटर में

खेल के मैदान बन रहे है शॉपिंग काम्प्लेक्स में

– Raj

#4   18.01.2021

काव्य-अँजुरी

95. ये निगाहें

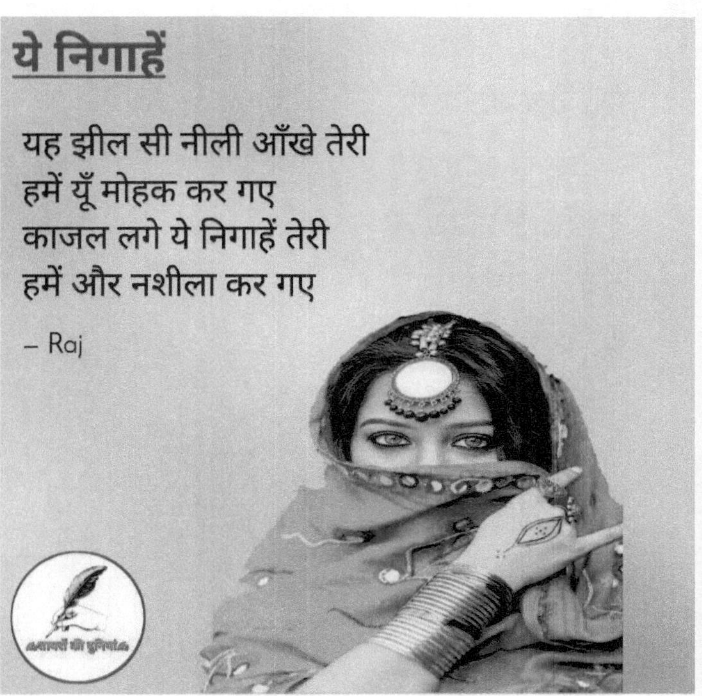

ये निगाहें

यह झील सी नीली आँखे तेरी
हमें यूँ मोहक कर गए
काजल लगे ये निगाहें तेरी
हमें और नशीला कर गए

– Raj

96. मेरा दिल जानता है

मेरा दिल जानता है

यह कितने दर्द सहे है

टूट कर कैसे बिखरे हैं

सुख तो कम पाया हैं

दर्द ढेर सारा पाया हैं

दिल की हाल दिल ही जाने

किसी को क्या हम बताये

यह तो दिल का राज़ है

— Raj

Rest Zone

97. सुख की तितली

सुख की तितली के पीछे मत भागो
यह उड़ता ही रहता है, कभी यहाँ तो कभी वहाँ
हर वक़्त रूप और हालत बदलते रहतें है
कही पर भी टिकता नहीं, यह एक छाया है

संघर्ष के पेड़ के पीछे हमेशा भागो
यह उड़ता नहीं और स्थिर रहता है
इसकी रूप और हालत बदलते नहीं
यह एक अटल सच्चाई है, जीवन की मेहनत से सजाएँ

— Raj

98. क्या ज़िंदगी मुश्किल है?

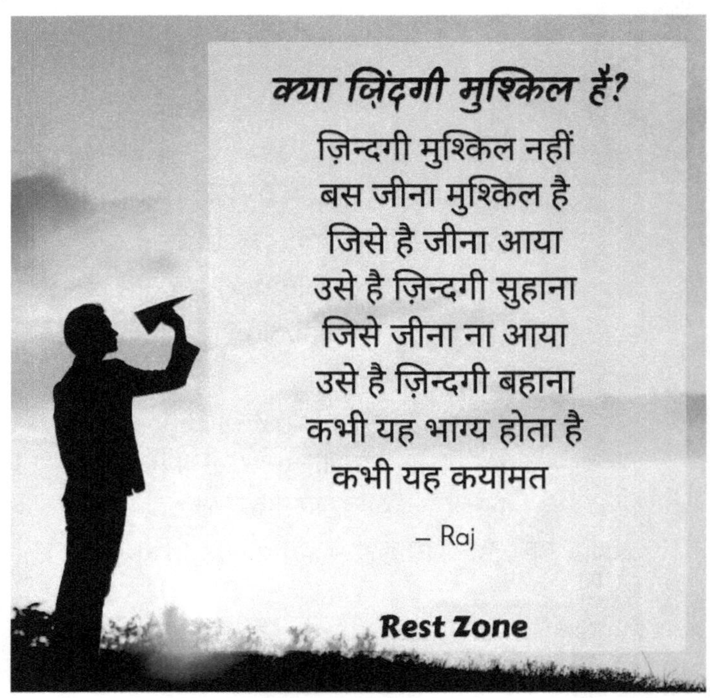

99. पतंग

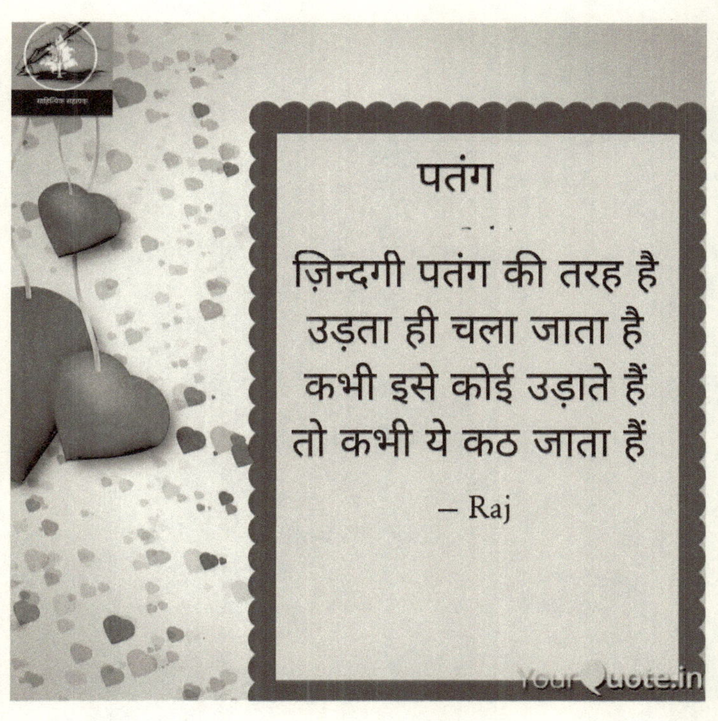

100. तुमसे कोई उम्मीद नहीं

तुमसे कोई उम्मीद नहीं
उम्मीद हो तो यक़ीन नहीं
समझ सको तो समझ लो
वरना कोई गिला नहीं

इश्क़ किया तुमसे मैंने
बात नहीं समझी तुम
उम्मीद था तुम समझ लें
पर तुम कभी समझी नहीं

— Raj

YourQuote.in

अस्वीकरण

सभी रचनाएँ कल्पना पर आधारित हैं। इसका लेखक के जीवन या ब्रह्मांड में किसी से कोई लेना-देना नहीं है। सभी लेख काल्पनिक हैं और किसी जीवित या मृत व्यक्ति से कोई समानता नहीं है। यदि कोई समानता है तो यह मात्र संयोग है।

लेखक की जीवनी

श्री के.सी. श्रीराज मेनन, जिनका जन्म केरल के एक संपन्न परिवार में 09 सितंबर 1973 को श्री कोझ़ीपुरथ संकुन्नी मेनन और श्रीमती किज़हारा चालापुरथ सेथुलक्ष्मी मेनन के घर हुआ और महाराष्ट्र में अधिवासित हैं। वह बचपन से ही तेज-तर्रार शायरी करते थे, कहते और भूल जाते थे। एक बार उनके एक करीबी दोस्त ने इस पर गौर किया और उन्हें जो भी कविताएँ या उद्धरण कहते थे, उन्हें लिखने के लिए मजबूर किया और तब से उन्होंने लिखना शुरू कर दिया। उन्होंने अपनी कविताओं और उद्धरणों को अपने और अपने करीबी दोस्तों के पास तब तक सीमित रखा जब तक उन्हें अपने कामों को ऑनलाइन लिखने के लिए एक मंच नहीं मिला। वह Your Quote साइट पर एक सक्रिय लेखक हैं और उन्हें प्रतियोगिता के लिए कई प्रशंसापत्र और प्रमाणपत्र प्राप्त हुए हैं। वह एक बहुभाषी लेखक हैं और उनका लेखन विस्मयकारी है। चाहे वह अंग्रेजी, हिंदी, उर्दू, मलयालम और मराठी हो, वह सभी भाषाओं में उत्कृष्ट है। वह कई दिलचस्प लेखकों के लिए एक बड़ी प्रेरणा भी हैं। वह मुंबई विश्वविद्यालय से स्नातक हैं। वह एक एकाउंटेंट हैं और एक स्व-शिक्षित कंप्यूटर इंजीनियर भी हैं। उनके कौशल शीर्ष पायदान पर हैं और उनके पास कई प्रमाणपत्र हैं। अभिनय, लेखन, पेंटिंग और नृत्य और संगीत सुनना आदि... आदि उनके जुनून हैं।

Mail Id: shreeraj_m@yahoo.co.in

www.ingramcontent.com/pod-product-compliance
Lightning Source LLC
Chambersburg PA
CBHW022024150726
47990CB00002B/794